优秀技术工人
百工百法丛书

陈竹祥工作法

汽车漆膜修补

中华全国总工会 组织编写

陈竹祥 著

中国工人出版社

技术工人队伍是支撑中国制造、中国创造的重要力量。我国工人阶级和广大劳动群众要大力弘扬劳模精神、劳动精神、工匠精神，适应当今世界科技革命和产业变革的需要，勤学苦练、深入钻研，勇于创新、敢为人先，不断提高技术技能水平，为推动高质量发展、实施制造强国战略、全面建设社会主义现代化国家贡献智慧和力量。

——习近平致首届大国工匠创新交流大会的贺信

优秀技术工人百工百法丛书

海员建设卷

编委会

序

党的二十大擘画了全面建设社会主义现代化国家、全面推进中华民族伟大复兴的宏伟蓝图。要把宏伟蓝图变成美好现实，根本上要靠包括工人阶级在内的全体人民的劳动、创造、奉献，高质量发展更离不开一支高素质的技术工人队伍。

党中央高度重视弘扬工匠精神和培养大国工匠。习近平总书记专门致信祝贺首届大国工匠创新交流大会，特别强调“技术工人队伍是支撑中国制造、中国创造的重要力量”，要求工人阶级和广大劳动群众要“适应当今世界科技革命和产业变革的需要，勤学苦练、深入钻研，勇于创新、敢为人先，不断提高技术技能水平”。这些亲切关怀和殷殷厚望，激励鼓舞着亿万职工群众弘扬劳模精神、劳动精神、工匠精神，奋进新征程、建功新时代。

近年来，全国各级工会认真学习贯彻习近平总书记关于工人阶级和工会工作的重要论述，特别是关于产业工人队伍建设改革的重要指示和致首届大国工匠创新交流大会贺信的精神，进一步加大工匠技能人才的培养选树力度，叫响做实大国工匠品牌，不断提高广大职工的技术技能水平。以大国工匠为代表的一大批杰出技术工人，聚焦重大战略、重大工程、重大项目、重点产业，通过生产实践和技术创新活动，总结出先进的技能技法，产生了巨大的经济效益和社会效益。

深化群众性技术创新活动，开展先进操作法总结、命名和推广，是《新时期产业工人队伍建设改革方案》的主要举措。为落实全国总工会党组书记处的指示和要求，中国工人出版社和各全国产业工会、地方工会合作，精心推出“优秀技术工人百工百法丛书”，在全国范围内总结100种以工匠命名的解决生产一线现场问题的先进工作法，同时运用现代信息技术手段，同步生产视频课程、线上题库、工匠专区、元宇宙工匠创新工作室等数字知识产品。这是尊重技术工人首创精神的重要体现，是工会提高职工技能素质和创新能力的有力做法，必将带动各级工会先进操作法总结、命名和推广工作形成热潮。

此次入选“优秀技术工人百工百法丛书”作者群体的工匠人才，都是全国各行各业的杰出技术工人代表。他们总结自己的技能、技法和创新方法，著书立说、宣传推广，能让更多人看到技术工人创造的经济社会价值，带动更多产业工人积极提高自身技术技能水平，更好地助力高质量发展。中小微企业对工匠人才的孵化培育能力要弱于大型企业，对技术技能的渴求更为迫切。优秀技术工人工作法的出版，以及相关数字衍生知识服务产品的推广，将对中小微企业的技术进步与快速发展起到推动作用。

当前，产业转型正日趋加快，广大职工对于技术技能水平提升的需求日益迫切。为职工群众创造更多学习最新技术技能的机会和条件，传播普及高效解决生产一线现场问题的工法、技法和创新方法，充分发挥工匠人才的“传帮带”作用，工会组织责无旁贷。希望各地工会能够总结命名推广更多大国工匠和优秀技术工人的先进工作法，培养更多适应经济结构优化和产业转型升级需求的高技能人才，为加快建设一支知识型、技术型、创新型劳动者大军发挥重要作用。

中华全国总工会兼职副主席、大国工匠

高凤林

作者简介
About The Author

陈竹祥

1968 年出生，现为江苏盐阜公路运输集团汽车技术服务公司“金扳手维修班”班长。

曾获“全国劳动模范”“江苏省劳动模范”“江苏省工人先锋号”“江苏省技术能手”“江苏省有突出贡献高级技师”等荣誉称号。

作为一名汽车修理工，从事汽车修理工作 30 多年来，陈竹祥在工作中甘当车辆“保姆”，突出“主动”，坚守“诚信”，定期维护车辆，大大减少了车辆故障发生率，为集团 60 余辆营运班车的安全正点运行作出了积极贡献。工作中，陈竹祥组织班组成员攻关，先后改进轮胎拆装机、缸套压取器等设备 23 台次，攻克维修技术难题 60 余个，累计节约设备成本 50 余万元。他和班组成员发明的“汽车漆膜修补操作法”被江苏省交通运输厅评为“交通运输职工先进操作（工作）法”。

工/匠/寄/语

业务精益求精，服务尽善尽美

陈竹祥

目　录

Contents

引　　言
Introduction

汽车漆膜是涂料施工于汽车基材上所形成的固态连续膜，通常由多道涂层组成，一般包括底漆层、中涂漆层和面漆层。

由于汽车使用过程中不可避免地会遇到剐擦、碰撞等，汽车漆膜难免出现磨损，因此需要进行相应的修补工作，对汽车漆膜进行修复，确保车身的外观质量。修补后的漆膜往往由于种种因素导致时间不长就会出现起泡、破损、开裂现象，影响车辆美观。

本书主要针对车辆漆膜修补后的起泡问题，阐述了相应采取的一整套合理、先进的漆膜修补工艺，以有效降低漆膜修补起泡率。

第一讲

汽车漆膜修复概述

随着时代的发展，汽车已经成为人们不可缺少的代步工具。在汽车使用过程中人们会发现车身表面漆膜开裂、破损是一种常见现象，不仅影响车身美观，而且严重时在车辆年检时会因外检不能通过而无法上路行驶。因此，修复破损漆膜工作十分重要，也成了广大车主离不开的话题。

一、漆膜出现问题的原因

造成漆膜需要修复的主要原因是什么呢？不外乎两个方面：一是漆膜老化；二是漆膜破损。车身漆膜老化的主要原因是受光照、风吹、雨淋等环境因素影响，使车身漆膜颜色变暗淡，失去光泽。漆膜破损的原因主要有车身剐擦、碰撞、老化开裂等，使车身变得“光怪陆离”。

二、漆膜修补操作法的形成

车身漆膜修复看似简单，但在实践中往往是修复后的效果和质量都不尽如人意，有时行驶时间不长就会出现褪色、龟裂、翘皮、剥脱等现象，甚至使车身成为“花脸”。作为江苏盐阜公路运输集团汽车技术服务公司“金扳手维修班”班长，我和我的团队对“如何提高车身漆膜修复质量”这个课题进行了反复探讨和攻关，形成了一整套科学、合理的“车身漆膜修补操作方法”，解决了漆膜修复过程中的常见问题，并在实践中收到了较好的效果。

三、漆膜修补操作法的要点

漆膜修复是一个细致、按部就班的操作过程，需在耐心和细心上做足功课，也离不开一套科学的作业流程。要根据车身漆膜老化和破损的状况来确定修补的范围和作业深度。

（一）一般损伤

对一般的漆膜老化造成的龟纹和漆面破碎化及脱落，只需做漆面修补，无须进行深度作业，按照漆面修补的流程和方法作业即可。对漆面轻微剐痕，未伤及底漆或原子灰（腻子）的，可做抛光处理。对漆面剐擦较重、已影响到底漆或原子灰（腻子）的，可重新喷涂底漆或填补原子灰（刮腻子），然后按照规定的流程和方法进行作业。

（二）严重损伤

对漆膜开裂、车身锈蚀严重或车辆因碰撞造成车身涂装整块脱落的，就需按照一个完整的漆膜修补流程和方法来进行漆膜修补。下面着重以车身锈蚀为例简要说明漆膜修补的主要流程和方法。

出现车身“锈蚀”，就说明车身蒙皮一定是金属材料制成的。对于非金属材料制品如前后保险杠（一般为塑料制品），可直接用原子灰（腻子）进行“找平”，然后进行漆膜涂装。车身锈蚀在漆膜开裂处会有锈斑或锈水流淌痕迹。

首先要划出合理的修补范围，不宜过大，铲除漆皮及涂装物，裸露金属表面，采用新工艺进行除锈。用干磨砂纸或机磨砂纸打磨裸露金属表面，用除锈水对裸露金属表面进行化学除锈。对锈蚀严重的金属表面进行切割剔除，重新焊接新的车身蒙皮。打磨平整后再除锈，并用快干除锈剂对裸露金属表面进行除油，再采用“双组分金属表面调整剂”，外接高压气泵，清除有可能遗留在缝隙里的铁锈。除锈后的金属表面应无可见的油脂、污垢、氧化皮、铁锈、油漆涂层等附着物，任何残留的痕迹仅是点状或条状的轻微色斑存在。

其次是采用先进的底漆喷涂工艺进行底漆喷涂。使用磷化底漆和固化剂以一定比例混合后对金属表面进行喷涂，在焊缝和旧漆膜周围涂一层密封胶，使金属表面与空气和水分安全隔离，具有良好的气密性和防水性。底漆涂层应厚度适中。锈蚀金属表面切割前后示例分别见图 1 和图 2。

最后再按要求用原子灰（腻子）进行“找平”、烘干（风干）、打磨，再“找平”、再烘干（风干）、再打磨，反复几次，达到要求后再进行漆面涂装。需要注意的是用原子灰（腻子）“找平”不能过厚，

图 1　锈蚀金属表面切割前

图 2　锈蚀金属表面切割后

过厚会导致车身漆膜过早开裂、块状脱落。“找平”前需对金属部分进行平整，以最大限度地减小原子灰（腻子）的厚度。原子灰（腻子）烘干或风干时一定要干透，否则容易产生气体并挥发导致漆膜过早地起泡、开裂、脱落，影响车身美观和使用时长。原子灰修补前后示例分别见图 3 和图 4。

由于每个作业人员的实践经验和认知不尽相同，对于车身漆膜修补没有一成不变的操作流程和

图 3　撞击严重车辆原子灰修补前

图 4　撞击严重车辆原子灰修补后

固定的作业方法，仁者见仁，智者见智，务必及时采用新技术、新材料、新工艺，用最好的质量回报广大车主。也真诚期待有更多的同人在一起交流、切磋，达到共同提高的目的，使人们的生活更加美好，更加绚丽多姿。

第二讲

汽车漆膜修复流程和注意事项

一、修复流程

（一）车身基材缺陷处理

在修复汽车漆膜时，须做好损伤区域喷涂前处理工作。

1. 对车身基材进行钣金校正

在校正过程中应该首先确定损伤类型、损伤范围和损伤程度，提高钣金校正精度，校正之后的车身基材要与原车身的基材基本保持一致，误差在1~2mm，便于原子灰刮涂修补。如在车身凹陷处，维修人员通过增加原子灰的厚度来填补凹坑，是一种不可行的方法，由于过厚的原子灰在使用过程中容易出现龟裂、脱落和产生针孔，影响修复质量，因此必须做好基材校正，尽量减小原子灰的厚度。

2. 刮涂原子灰恢复形状

对钣金修复后的损伤区域进行原子灰填补，在刮涂原子灰的时候应先在底层涂上防锈底漆，做好防锈和增加附着力。原则上，每次进行刮涂的时候，原子灰的厚度不能超过2mm，而且在刮涂的时候要避免来回多次刮涂，最好能一次性刮涂完整，避免因一次性刮涂太厚产生气孔，或因多次刮涂而产生卷边现象。

在对原子灰层进行打磨处理的时候最好用垫板，直接用手打磨会产生台阶造成不平整，打磨时要多次用手掌触摸表面，检查表面是否平滑，检查时应沿手指、手掌方向纵向检查，这样才能通过手掌、手指的敏感区域感知表面是否凹凸不平，防止打磨不平整。在不同的打磨区域，可采用软硬程度不同的垫板。在打磨处理的时候最好按照“米”字形方向进行操作，使得缺陷部位被打磨均匀，切忌只在同位置、同方向上打磨。

在打磨的时候采用的砂纸有 80 号、120 号、180 号、240 号、320 号（见图 5），换砂纸不能跳号，否则会产生过深的砂纸痕，最后要用 320 号砂纸进行打磨，避免在喷涂中涂漆后出现砂纸痕等缺陷。

在打磨的时候要尽量提高质量，在原子灰刮涂之前把旧漆边缘磨成羽状。在喷涂中涂漆或喷涂面

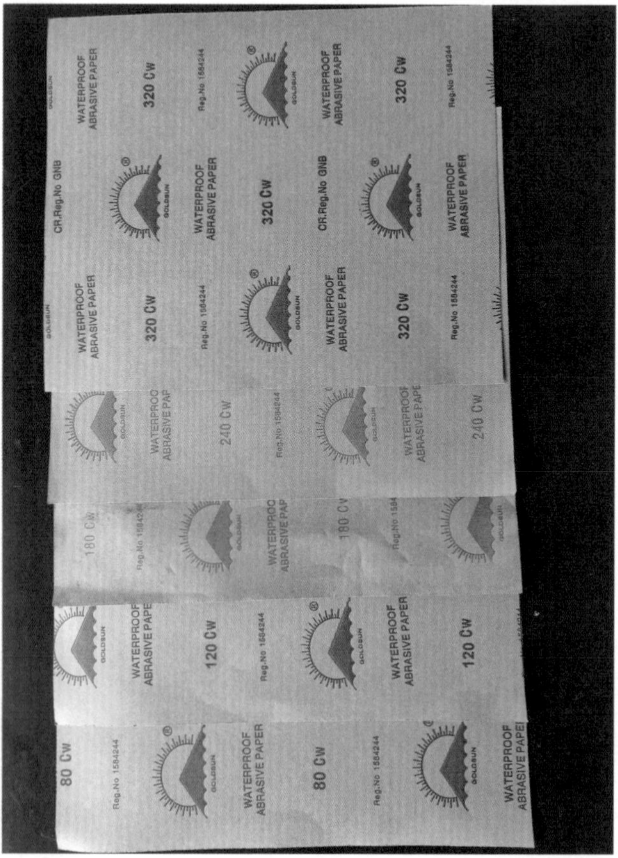
WATERPROOF ABRASIVE PAPER
320 Cw
CR.Reg.No GNB
240 Cw
180 Cw
120 Cw
80 Cw
GOLDSUN

图5 不同型号砂纸

漆后，原子灰边缘出现裂痕的现象是因为羽状边处理不合格，边缘宽度不够，边缘有台阶或不够平滑，或者打磨砂纸过粗；在刮涂原子灰后，原子灰和旧涂层的附着力及收固性就会受到影响。喷中涂漆或面漆后，其中所含溶剂会向下渗透侵蚀原子灰及旧涂层边缘的结合部位，导致旧涂层边缘溶解、膨胀、变形，从而导致羽状边开裂。

（二）漆料的喷涂

漆料喷涂是汽车漆膜修复过程中的关键环节，直接影响漆膜修复质量。在喷涂漆料的时候要从以下几个方面着手进行控制。

1. 中涂漆的喷涂

损伤前处理结束后，须对喷涂区域进行吸尘、除尘、除油等，处理干净之后，再进行中涂漆的喷涂，并且在中涂漆完全干燥后进行打磨处理。中涂漆在漆膜修复中有十分重要的作用，有的维修人员在维修过程中忽视了中涂漆的喷涂，导致漆膜效果不佳。中涂漆可以起到增加层间附着力、弹性、抗石击性能，提高色漆涂层的颜色遮盖力等作用，使得喷涂表面与原车身保持更好的过渡性，更加自然。

在喷涂漆料的过程中，有的维修人员为了减少维修时间，会采用“湿碰湿”的方法进行处理，这种方法并不对所有的情况都适用，要根据喷涂的底漆与中涂漆的性质来确定是否可以采用这种方法喷涂。在对底漆以及中涂漆进行打磨的时候要注意力度，不能将其磨穿，如果由于失误出现了磨穿现象，可在面漆喷涂前对磨穿区域喷涂环氧底漆。

2. 面漆喷涂

底漆和中涂漆喷涂或打磨结束之后就要及时进行面漆喷涂，在喷涂面漆之前要对面漆喷涂面积大小进行控制，并且对喷涂面漆的位置进行打磨，提高面漆的附着力。在进行面漆前打磨时，一般采用 400 号到 500 号的砂纸，在打磨结束后，也要进行吹尘、吸尘、除油等处理，防止漆膜出现鱼眼、颗粒和油点。

在喷涂面漆的时候，除了黑白两色，面漆的颜色如未经调色与车身颜色都会出现明显差异，尤其是一些不常见的颜色，必须通过不同颜色的面漆搭配微调获得。因此，在喷涂面漆的过程中，要对面漆的颜色和配比进行检查，确保面漆颜色与原车身更加吻合。另外，在喷涂时要注意不同漆层所用油漆的配套性，注意单、双组分漆料的使用，不配套的漆料喷涂后产生化学反应会造成咬底、起皱等漆膜缺陷。

中涂漆和面漆都不宜连续喷涂太厚，喷涂时面漆层与层之间的闪干时间不宜过短，不然会造成面漆中所含溶剂向下渗透侵蚀，导致原子灰边缘、单组分填眼灰或中涂漆边缘产生咬底。对于未完全干燥的漆膜，须完全烤干后再打磨、喷涂下一层油漆产品；对于已经变质的漆膜，如表面失光、粉化、开裂的漆膜，须彻底清除旧漆膜后再喷涂双组分中涂漆和面漆。面漆喷涂层数一般由面漆的遮盖力和类型决定，面漆喷涂以完全遮盖底漆为宜。

3. 局部修补喷涂

修补面积较小的时候，局部修补喷涂时后一次喷涂的面漆面积要比前一次略大。如果需要修补的面积较大，可以采用菱形修补法进行修补，在缺陷位置前后方以菱形方式进行喷涂，并不断扩展喷涂范围。例如，整个车辆的门都需要进行喷涂的时候，除了对车门进行喷涂，还应该在车门的前方和后方按照菱形修补法进行处理。

（三）对新漆膜与旧漆膜的接口进行处理

在车身漆膜修复过程中，新漆膜与旧漆膜之间的接口处理十分重要，接口处理是保证新、旧漆膜平滑一体的关键，接口处理不当会导致车身修补位置不自然。为了避免出现明显的接口，在修复过程中应该对新漆膜与旧漆膜分界位置进行仔细确定。现代汽车外观设计中，本身就有一些凹凸部位，在这些凹凸部位可以设置漆膜分界线，利用视觉效果不明显的特征，避免在平整表面上进行分界带来的视觉影像。一般局部修补只是对一些不重要的表面或边缘位置单独进行修复，或者为了满足客户的具体需求进行局部修复，通常采用整板喷涂的修补方式以减少车身平面上的新旧漆膜的分界线，提高车身的美观度。

喷涂的技巧也会影响到漆膜新旧接口质量，在喷涂的时候，应该采用中湿法或全湿法，切忌采用干喷法，干喷法会导致漆雾增多、漆膜橘皮明显，影响喷涂质量。在漆膜喷涂结束之后还要对接口进行流平处理，例如采用溶剂咬平法或高温再融法，对接口进行处理，使得接口看起来更加自然。

（四）对新漆膜的缺陷进行处理

在喷涂漆膜的过程中，尽管采用喷涂标准工艺施工，但是新漆膜与原来的漆膜之间不可能做到完全衔接，而且新漆膜还可能会出现很多其他的问题，例如施工后出现颗粒、流挂、发花等缺陷，因此在漆膜喷涂结束之后还要进行抛光处理，用研磨材料及抛光材料对新喷的漆膜进行研磨和抛光，使得新漆膜中的一些油漆缺陷问题得到有效解决。经过抛光处理之后可以使得漆膜变得更有立体感，与原漆膜之间的衔接更完美。

二、注意事项

汽车漆膜修复是一项技术性要求很高的工作，具体是对汽车变形及损坏进行修复，通过钣金使之恢复原样，然后喷涂汽车漆。由于受各种外界因素影响，导致汽车漆膜往往时间不长就会出现起泡破损现象，影响了车辆美观。这也要求维修操作技师在细节处理上加强控制，从而不断提高漆膜修复水平。

（一）汽车钣金喷漆前

将汽车车身的灰尘清洗彻底，对钣金和施工设备的清洁也要处理好，避免工作中出现不必要的麻烦。工作前检查喷漆房内的气流、湿度是否正常，防止施工时影响漆膜效果。

（二）汽车钣金喷漆时

维修操作技师要做好安全防护，如备好工作服、喷漆服、棉线手套、耐溶剂手套、防毒面具、防尘口罩、护目镜和安全鞋等。在施工过程中使用的喷漆软管、喷枪等设备要放在干净的地方，防止受到污染而导致漆膜出现问题。

（三）汽车钣金喷漆后

在阳光下检查汽车漆面的颜色效果、光泽度、饱满度等，是否出现粗糙、流挂、起泡等问题，颜色效果是否与原厂漆面一样。对新喷漆车辆建议客户三天内避开雨雪天使用或不要洗车。

第三讲

汽车漆膜修复案例讲解

一、案例一

（一）问题描述

客户反映车辆的前端、后端及保险杠漆膜局部龟裂、失光，因无室内车位，该车长期停放在露天车位，且未做表面遮挡。该车使用频率较低，停放时间长，车位面朝南方，前面近处无建筑物，日照时间较长。长期受阳光、雨水、露水、霜雪等环境影响，油漆表面氧化严重，伴有部分褪色，原定维修计划是重新喷涂漆面。车身漆膜局部龟裂要及时修理，否则不但影响汽车美观，还可能造成车身金属锈蚀，会使漆膜修补难度增大。修复前如图 6 所示。

（二）症结排查

（1）检查该车是否因行驶时间比较长（一般 10~15 年），漆膜不断氧化，而产生自然龟裂。

（2）检查该车原车是否使用金属漆，是否长期未做表面保养，检查该车漆面是否受阳光、雨水、

图6　修复前

露水、霜雪等影响，导致油漆表面氧化严重，有部分褪色。

（3）检查该车的金属漆是不是原厂漆，是否有过意外事故碰撞，导致漆膜擦伤。

（4）检查该车漆面是否接触过化工材料。

（5）检查发现喷漆的时候没按流程要求作业，原子灰补得过厚，打磨不平滑，产生鼓包、龟裂。

（6）检查发现喷漆的时候修理厂原因导致出现漆面掉落、变色等情况。

（三）解决措施

（1）打磨龟裂区域的漆膜，直至裸金属的表面，然后重新喷漆。定期打蜡、定期保养也可以缓解甚至避免龟裂、氧化等情况。如果平时没有对汽车的漆面进行必要的护理，金属漆可能会产生非常细小的裂纹，这些裂纹会不断地穿透漆面，直至“突破”整个漆层，这种现象叫作“开裂”，看起来非常不美观。这通常发生在金属漆上。刚开始的时候开裂很难被肉眼发现，但是当肉眼可以检测到的时候已经很严重了。

（2）当车身油漆因氧化和大气中的污染物发生褪色时，油漆会出现不均匀的色差。如果车的漆面轻微变色，可以给车抛光一次。如果汽车漆面严重变色、褪色，需要对汽车进行重新喷漆，以增强汽车的整体美观性，提高汽车的防护能力。

（3）车身面漆在太阳紫外线的照射下，漆面亮度和鲜艳度大大降低，使漆面慢慢发黄或变白，形成氧化层，缩短车身漆面寿命。对车漆氧化最直接的方法就是打磨掉车漆表面的氧化层，然后抛光处理，严重时需要重新喷漆。最好是事后封釉，因为封釉本身就需要打磨车漆。封釉是通过振荡抛光技术将釉料反复压入车漆的纹理中，能有效延长车漆的使用寿命。

汽车油漆保养时应先抛光，抛光后，需要重新打蜡。一般来说，抛光分为水砂纸抛光、机器抛光、增亮、镜面研磨等工艺。在抛光过程中，需要根据汽车漆面的受损程度，选择研磨蜡、抛光蜡和镜面蜡。抛光后，工作人员通常会建议车主打蜡，这样可以更有效地保护漆面。封釉 3360 是用专门的振动抛光机将釉料（聚合物）压入涂料中，形成网状牢固的保护层，从而阻止油漆氧化。

（四）实施效果

由于该车辆车门油漆有龟裂、失光等缺陷，所以经过油漆工师傅打磨后，必须得见车辆原来的底漆或金属面；然后用双组分底漆材料重新喷涂（底漆涂层厚度要适中）；在新喷的底漆面找出有凹凸的地方补上原子灰；等干燥后检查是否有高点，如若有则先用砂纸处理打磨（用 180 号砂纸来打磨原子灰高处和正常表面，打磨范围不超过原子灰区域，不能磨到完好的车身油漆地方和接口处，因为会留下过深的砂纸痕。然后用 320 号、800 号砂纸或更高的砂纸号砂纸打磨砂纸痕），经过一步一步地打磨、补充原子灰找平，一直到喷面漆，如果是

图 7　修复后

金属漆还需加上清漆层，车的油漆看上去就会很亮、很美观。修复后如图 7 所示。

二、案例二

（一）问题描述

有一辆牌号为苏 J13XXX 的车，品牌型号北方牌 6122N，购车日期为 2016 年 10 月，该车 2021 年 12 月 19 日因剐蹭事故导致车辆右侧中门前车身蒙皮破损。在钣金作业后进行补漆，于 2021 年 12 月 23 日竣工出厂。该车于 2022 年 4 月 16 日返厂报修，补漆位置漆面开裂。进厂后对开裂位置进行检查。修复前如图 8 所示。

（二）症结排查

（1）检查漆面开裂位置（是否在焊接处开裂）和开裂深度。

（2）检查是否在整形时没有校正到位；铲除开裂处油漆、原子灰至被撞处，发现在维修过程中没有使被撞处校正回复原位，焊接处也不牢固，焊接点又少，内口有风口，容易有雨水渗入，也没在焊接处采取防锈、防漏措施，导致维修过的平面不平整，有很多凹凸处，焊接处焊缝更是高低不一致。

（3）检查原子灰是否使用得特别厚，发现有多处原子灰特别厚（原子灰厚度不一致）。原子灰过厚容易凝固不好，也容易导致油漆开裂。

（三）解决措施

该车漆膜的损坏程度较为严重，甚至使车身金属部分外露，漆膜修补难度加大。

1. 钣金修复

针对车辆车身有变形的地方需要将其重新整形，恢复原样。金属表面尽量做到平滑，否则就会使原子灰“找平”塑形时厚度增加，漆膜开裂的概率增加。如果车身生锈腐蚀比较严重，但是洞口不是很大，这个情况可以直接钣金处理，之后刮腻子喷漆。如生锈腐蚀的洞口很大，则可以进行焊接封洞，之后打磨平整再钣金喷漆。如果车身生锈腐蚀的范围很大，则先切割，之后焊接上新的角料，这样就可以进行专业的修复。

2. 采用新工艺进行除锈

（1）采用新工艺对金属表面进行除锈处理：用 180 号干磨砂纸或 320 号机磨砂纸打磨裸露金属表面，用 800-127 除锈水对裸露金属表面进行化学除锈，对严重锈蚀的表面焊接修补后再除锈，然后用 P850-14 快干除锈剂对裸露金属表面进行除油。

（2）采用双组分金属表面调整剂，外接高压气泵，清除有可能遗留在缝隙里的铁锈。

（3）除锈后的金属表面和钢材表面无可见的油脂、污垢、氧化皮、铁锈、油漆涂层等附着物，任何残留的痕迹仅是点状或条状的轻微色斑，达到 SIS 055900-Sa2 标准。

3. 原子灰刮涂、打磨

待车身修复平整后就需要用到原子灰了，将原子灰“刮”在车身损伤区域，烘干或自然风干后，再将原子灰区域进行打磨。找平、打磨反复几次，直至表面平滑无瑕疵，达到喷漆前的施工要求。

4. 喷中涂漆

中涂漆是用于底漆涂层和面漆涂层中间的一层涂料，它的作用是增加面漆涂层与下面涂层的附着力，提高面漆涂层的平整度、饱满度和耐久性。

5. 喷色漆

色漆就是车身的颜色，因此调配色漆是很重要的，要达到与原车车身一致。

6. 喷清漆

作用是在汽车表面覆盖一层保护膜，还能够让汽车更有镜面光泽度。

7. 烘干

将车身的喷漆进行烘干，车辆任何一个部位进行喷漆后都是需要进行烘干处理的。

8. 抛光

作用是将车辆变得更加光滑透亮，并消除一些细微的划痕。

（四）实施效果

这辆事故车在车身校对整形时没有做好：校正不到位，补漆位置使用的是普通原子灰找平，未按照要求使用钣金专用原子灰，腻子表面强度不够，在车辆行驶过程中振动产生应力作用下发生开裂；另外，在焊接处有缝口，雨水渗透到焊接口，经长时间腐蚀有锈水流出，进一步使得原子灰从内层开始腐化变形。

处理时首先应该将原补漆位置的漆面和腻子全部铲除，在原焊接处整形面再进一步调整；然后打磨光滑，在焊接处内口用防锈蚀油漆进行喷涂，用防漏胶打封，使得再也没有雨水渗透进入，并按照要求使用钣金专用原子灰重新找平、打磨后喷底漆；接着用原子灰修补找平有凹凸的平面，要能够达到平整度要求，在刮边角和表面接口时，刮的原子灰毛孔既要小还要细，一般来说，这样易打磨、

图 8　修复前

图 9　修复后

毛孔小；再一步一步调整打磨砂纸号（从 60 号、180 号至 800 号），甚至可以用 1500 号砂纸打磨。

喷涂面漆前，清除喷涂面漆地方的灰尘、其他杂物等；喷枪和相关设备应清洁，并使其处于正常的工作状态，完工后一年回访漆面一切正常。修复后如图 9 所示。

三、案例三

（一）问题描述

有一辆车在进入维修车间时，因驾车人员操作不到位，没有驾驶好车辆，车子车身与车间门柱之间产生碰擦，导致车身漆膜有划痕。修复前如图 10 所示。

（二）症结排查

检查车辆车身油漆的划痕伤害程度，发现车身的中部划痕比较轻，只见车身漆表面轻度拉痕。下部（舱门段）划痕损伤比较重，已经划到见底漆；划痕较深，需要修补。

（三）解决措施

漆膜划痕根据破损程度有两种情况：一是未伤及色漆，只是清漆层上有划痕。这种情况处理起来要简单得多，只需抛光，使用设备对漆膜抛光即可去除车身漆膜的轻微划痕。但不建议经常打磨，这会降低漆膜清漆层的厚度，时间长了漆面会失去光泽。二是划痕已伤及色漆或底漆。首先用100号细砂纸将划痕及周边打毛，然后利用原子灰填补划痕较深或者轻微变形的部位。

排查后破损程度不严重的只需抛光，对已伤及底漆的划痕（车身表面没有变形），可以用极细的水砂纸蘸点水来打磨；如果划痕比较深，首先打磨划痕处，用原子灰来找平，用砂纸多次打磨、找平，清除灰尘后再进行喷涂油漆。

划痕较深时具体处理方法如下：

（1）喷底漆。在进行汽车喷漆之前，需要先喷底漆。底漆是一种涂料，它可以填平车身表面的凹陷、消除车身表面的瑕疵，使车身表面更加平整。

底漆还可以增强车身表面的附着力，使喷漆后的颜色更加鲜艳。

（2）喷色漆。在底漆施工或打磨后，就可以喷色漆了。喷色漆是指喷涂车身的颜色涂料。在喷色漆之前，需要先进行调色。调色是指根据客户的要求，将颜色涂料调制成客户需要的颜色。调色需要使用专业的调色设备和技术，以保证颜色的准确性和一致性。喷色漆需要进行多次喷涂，以保证颜色的均匀性和饱和度。

（3）喷清漆。在喷完色漆之后，需要喷清漆。清漆是一种透明的涂料，它可以保护车身表面的颜色涂料，防止颜色涂料褪色和受损。清漆还可以增强车身表面的光泽度，使车身更加亮丽。清漆需要进行多次喷涂，以保证清漆的厚度和均匀性。

（4）烘干。在进行汽车喷漆之后，需要进行烘干。烘干是指将车身放入烤漆房中进行加热，以使喷涂的涂料干燥和固化。烘干的时间和温度需要根据涂料的种类和厚度进行调整，以保证涂料的质量和效果。

（5）抛光。在进行汽车喷漆之后，需要进行抛光。抛光是指使用抛光机器和抛光剂，将车身表面的清漆进行抛光，使车身表面更加光滑和亮丽。抛光需要进行多次，以保证抛光的效果和质量。

（四）实施效果

这辆车车身划痕经过观察发现不太严重，由于车主本身的原因，导致事故发生（自己要求在漆膜有划痕处重新补漆）。操作师傅在刮原子灰时，首先把漆膜有划痕处打磨至裸金属；然后用原子灰在表面薄薄刮上一道，把划痕凹的地方刮一遍，此时要注意到边角的地方。等原子灰完全干燥后，再进行下一个步骤，用不同型号的砂纸由粗到细逐级打磨到完全光滑而无杂质，方可喷中涂漆、喷色漆、喷清漆、烘干、抛光，使车身表面更加光滑和亮丽。修复后如图 11 所示。

图 10　修复前

图 11　修复后

四、案例四

（一）问题描述

有一辆客车使用的时间不太长（四年左右），车身左侧后安全门段车身漆膜鼓包，有两次汽修厂维修记录，现在车身漆膜又鼓包了，最后找到我们修理厂，看能否找到漆膜鼓包的原因。修复前如图 12 所示。

（二）症结排查

漆膜鼓包的主要原因包括：

（1）车漆质量问题，如果使用廉价车漆，因为油漆质量都不高，喷涂后可能存在一些问题。

（2）补漆过程中，底漆未干就喷面漆，因为面漆与原子灰之间存在未挥发的溶剂，遇高温蒸发，就会出现水蒸气，导致漆面鼓起。

（3）在汽车油漆喷涂前没有做好金属焊接后处理，有雨水渗入受潮后会生锈，导致车身油漆鼓包。

（4）油漆黏度过高，一次性喷涂过厚，原子灰未压实，留有气孔，特别是一些多孔性基材因没有做封闭底漆，易出现该现象。

（5）可喷涂油漆调配比例不当，如稀释剂使用不当、固化剂添加量少，由此可能引起汽车油漆鼓包。

（6）当采用加热方式干燥涂层时，温度过高、涂层加热之前静置时间不够、溶剂未充分挥发、涂料本身带入气泡、搅拌时产生的气泡未消除等都可能引起汽车油漆鼓包。

（7）检查了车身是用白铁皮做封面，如果不经过处理，任何时候喷面漆都会鼓包剥落。

（三）解决措施

（1）选择质量较好的油漆，多选择品牌油漆和开具质量检验报告的油漆。

（2）喷漆过程中，底漆喷涂厚度适中，彻底闪干或吹干后喷涂底色漆。原子灰找平时不宜过厚，彻底干燥打磨平整后再喷漆，不能有水分，水分挥发易起泡。

（3）金属防锈措施。因金属表面被破坏，对金属表面进行除锈处理。用 180 号干磨砂纸或 320 号机磨砂纸打磨至裸金属，用 800-127 除锈水对裸露金属表面进行化学除锈，对严重锈蚀的表面焊接修补后再除锈，然后用 P850-14 快干除锈剂对裸露金属表面进行除油，在焊缝和旧漆膜周围涂密封胶。

（4）使用稀释剂、固化剂时，稀释剂与油漆使用比例要适当（按 1 ∶ 2 比例调制）；使用稀释剂时，要依据季节不同进行调整，气温低时可用凝固快的稀释剂，气温高时要用凝固较慢的稀释剂。固化剂也要按产品要求比例添加搅拌，固化剂与油漆以 1 ∶ 2 比例混合调和（调制比例不当时会引起汽车油漆鼓包），调制油漆必须按比例配比，调制好后必须在油漆可喷涂时间要求内进行喷涂作业。同时也要视气温高低区分使用固化剂。

（5）加热干燥涂层时，温度应适当，涂层加热之前静置较长时间，使溶剂充分挥发，消除涂料本身带入的气泡和搅拌时产生的气泡等。

（6）给汽车喷漆，应按照喷涂底漆、色漆、清漆等步骤进行，一定要注意喷涂操作方法，保证漆面均匀喷涂。层间需彻底闪干或吹干，这样才能保证各层之间的黏合度，保证漆面硬度和质量。

（四）实施效果

由于在本车安全门制造时用的是白铁皮，那么就要铲除、打磨原有的全部漆面，重新清理金属面杂质（原子灰、面漆、焊接点）。经检查发现之前没有使用底漆喷涂。师傅从初步开始操作，打磨金属面：用环氧底漆、钣金灰一步一步操作，打磨找平、刮涂原子灰，打磨平滑状态，清除需喷漆面上所有的灰尘、水污等。喷色漆时进行多次喷涂，以保证颜色的均匀性和饱和度。喷清漆可增强车身表面的光泽度，使车身更加亮丽。色漆、清漆需要进行多次喷涂，以保证厚度和均匀性。修复后如图 13 所示。

图 12　修复前

图 13　修复后

五、案例五

（一）问题描述

有一辆车做保养，车主主动谈起车身漆膜修补后有色差，当时在小型汽修厂做的喷漆，没几个月喷涂的油漆就变色了，开出去比较难看、不美观。修复前如图 14 所示。

（二）症结排查

检查补喷面漆是否达到喷漆层数；检查喷过面漆后是否喷上清漆来增强车身表面的光泽度；检查这次喷涂面漆材料是否合格；检查这次色漆调配时与原车身漆是否有色差；检查油漆师傅在工作流程上是否专心，操作到位；检查变色的车身漆面是否粗糙，没有光泽度。经过分析发现，由于车辆在小型汽修厂做的喷漆处理，维修场所不对，存在以下问题：

（1）喷涂环境有粉尘或灰尘。

（2）油漆师傅在处理喷涂油漆操作上有瑕疵。

（3）油漆调配比例不正确（油漆调配与老漆面颜色不匹配）或用的油漆材料不达标。

（4）车主在修补油漆价格上与厂方有争议，使油漆师傅在操作上没有使用品牌油漆喷涂，导致油漆在短时间内变色。

（三）解决措施

车身漆膜修补后新老漆膜之间有色差，过渡不自然，这一问题存在较普遍，既影响车身美观，又损害修理厂方的信誉。因此解决好漆膜修补色差问题十分必要。

（1）调漆时要与原漆颜色反复比对，尽量与原漆颜色一致。用电子设备调出的新漆也要进行试喷涂，防止存在较大色差。比对时还要考虑老漆的氧化变暗程度和新漆的明亮程度。修补漆的颜色都是修补前调配出来的。车辆在行驶过程中，油漆会逐渐氧化褪色，一般情况下肉眼不能分辨，在室外阳光下从不同的角度来看褪色的程度也会略有不同，要想尽可能和原来颜色匹配，只能现场调色。

（2）在喷涂的时候如出现漆膜色差，务必停止喷涂，清理已喷涂的车漆后，重新调色；喷漆一个月内，发现车漆颜色有色差，可能是因为车漆没完全干透。如果一个月后色差还是很明显，那么就是车漆的颜色不对，考虑重新喷漆。

（3）在新漆膜与老漆膜之间存在过渡不自然，喷涂时可以采用过渡式喷涂技术。在补漆前，先用1500~2000 号水砂纸打磨补漆部位，并把打磨范围扩大到老漆 3~5cm 范围。用色漆覆盖打磨部位，喷涂 2~3 遍后，再喷涂清漆。

（4）因补漆接口太明显，所以用 2000 号水砂纸将接口位置的清漆磨掉（在车身原有的好的漆面磨去清漆，扩大到 3~5cm）。喷面漆时尽量不要喷到接口范围外，喷涂面漆时一般要达到 2~3 遍，最后喷上清漆，第一遍盖过喷面漆位置，第二遍磨掉清漆接口位置勿全覆盖，留 5cm 左右的空隙即可。在接口处喷上接口水，这样就能处理好接口了。

图 14 修复前

图 15 修复后

（5）如果需要喷涂的面积比较大，并且旧漆膜与新漆膜色差较大，可以考虑全车喷涂。建议选择专业的有烘漆房的修理厂。喷漆都是在无尘车间进行的。

（四）实施效果

经过油漆师傅重新对氧化褪色的油漆面打磨、找平，喷底漆、色漆、清漆等，喷涂色漆、清漆时多次喷涂，使车身表面与旧漆膜很好地结合，表面更加光滑、匀称。修复后如图 15 所示。

六、案例六

（一）问题描述

一辆事故车，在修理厂整修。事故车辆经过钣金整修、调试完工到位。油漆师傅进场，对车辆的车骨架、车身外蒙皮进行打磨，做好防水处理，喷涂好防锈底漆，刮上钣金专用原子灰找平、打磨等，进入色漆、清漆喷涂后，喷涂车身的清漆有流挂现象。喷涂的新漆面流挂范围比较大。修复前如图 16 所示。

（二）症结排查

（1）停止车身油漆喷涂。检查油漆品牌、质量是否存在问题。

（2）检查油漆喷涂黏度是否偏低。油漆师傅对油漆、稀释剂、固化剂是否加入过量或选用的稀释剂、固化剂是否太慢干，如果对油漆调制经验不足也会导致油漆流挂。

（3）检查喷枪口径选用是否正确，喷嘴口径是否过大，以及油漆师傅在施工时，喷枪与被喷涂车身距离是否太近或喷涂油漆时走枪速度是否过慢、一次性喷涂漆是否过厚（要与油漆师傅交流）。

（4）检查空压机泵的储存气压是否正常。

（5）检查使用的稀释剂、固化剂品牌是否适合相应的季节，如不合适也会导致喷涂油漆流挂。

（6）检查喷涂时板件温度是否过低，冬季板件表面温度过低容易出现流挂。

（三）解决措施

选择优良的油漆材料，并选择在适宜的温度环境下进行施工。

1. 施用稀释剂

稀释剂是一种能够稀释油漆的液体，能够使黏稠的油漆更流畅，获得更好的效果，然而，在使用油漆稀释剂时还要注意一些事项。不同油漆类型有不同的要求，甚至要考虑天气温度（冬季与夏季使用的稀释剂不一样，冬天要用快干型稀释剂，而夏季需要用慢干型稀释剂）。在将稀释剂倒入油漆调剂杯前，必须选择合适的稀释剂与油漆按比例添加；比例是油漆黏稠度和流动性的关键因素，一般情况下油漆与稀释剂比例以 2 ∶ 1 为宜，原则是调剂到油漆能够达到合适喷涂的程度（参见案例四）。

2. 搅拌

油漆里添加了稀释剂后要充分搅拌，以确保油漆和稀释剂充分混合。如果条件允许使用机器搅拌更好，如果人工手动搅拌，则需要用专用搅拌尺将油漆与稀释剂混合搅拌均匀。

3. 施用固化剂

固化剂是一种重要的促进油漆快速干燥的辅助材料，它通过与油漆中的树脂发生化学反应，使内部分子与空气中的氧气产生反应，从而加速车身喷涂的油漆干燥和固化，减少车辆停放时间，也提高了外观效果。

固化剂、油漆的结合能有效地提高油漆层的耐久性，增强漆膜的硬度、黏合度，增加亮度，同时提高油漆的耐候性、防腐能力和稳定性，更好地抵抗外界环境的侵蚀。

油漆有固化剂辅助能够使喷涂层表面更为光滑，提高光泽度和漆面质感，看起来更加美观。

油漆与固化剂结合并搅拌均匀后，务必在油漆固化时间内用完，固化剂不仅能够加速油漆的固化，还能降低挥发性有机物的排放量，对人体健康和环境危害较低。喷涂后多余的油漆不可以再倒回原漆桶中。固化剂、油漆的结合搅拌，同稀释剂搅拌一样，有条件用机器搅拌更好。

油漆与固化剂的混合比例，是油漆和固化剂使用过程中一个非常重要的因素，以油漆品牌为基础选择同品牌油漆配套固化剂，不可以混合使用。根据实践来看，通常情况下油漆与固化剂的比例为2∶1，具体还是需要根据油漆调配比例要求调整。

油漆、固化剂使用还有一个重要环节，就是要分清季节。喷涂油漆的干燥、固化效果取决于气温和湿度，过冷的天气会导致油漆内部不能干透，容易产生很细的毛孔或流挂；过热的天气会使刚喷涂在车身的油漆干燥过快，并使油漆耐久性受到影响，所以运用好固化剂是一门学问，气温偏低时使用快干型固化剂，气温偏高时使用慢干型固化剂。

4. 油漆喷涂

油漆喷涂是汽车漆膜修复过程中的关键环节，直接影响漆膜修复质量。在油漆喷涂作业前，应采取以下措施：

（1）保证操作环境无尘土、通风好，避免在雨后初晴或早晨湿度较大时进行喷漆作业（有条件时使用烤漆房喷漆作业）。

（2）清洗表面的尘污以及其他杂物，表面不平处应校对补平，清洗后必须彻底晾干再进行喷涂作业。

（3）选择干净、合适口径的喷枪，以确保喷枪功能都正常，检查空气压缩机储气筒及油水分离装置，放尽储气筒及管路中的油和污水，保证空气压缩机打气压力控制适当。

（4）合理确定漆膜的厚度，并不是漆膜越厚越好，应当完全遮盖，以无裸露、无流痕为度（漆膜过厚易脱落，会呈橘皮状纹理）。

（5）油漆师傅要有熟练的喷涂油漆技能，需把握好喷枪嘴与车身需要喷涂处之间的距离，还要保持一种平直的状态喷涂，在喷涂时上下或左右移动过程中，速度一定要保持均匀，要了解各类油漆性

图 16 修复前

图 17 修复后

能，在喷涂油漆前要将稀释剂、固化剂和油漆进行调制，并将调制的黏度控制在一个合理的范围之内。如果黏度没有规范好，会导致流痕、起皱及针孔等现象，直接影响后续的施工。

（四）实施效果

首先肯定了钣金修理工前期的维修整形工作基本到位。油漆师傅在喷涂色漆、清漆后发现有流挂现象，因此马上停止喷漆工作，等待车身新喷上的面漆彻底干燥后，利用砂纸重新打磨清除淌流及垂流。重新调制油漆、稀释剂比例，进行车身色漆喷涂及清漆喷涂，没有再出现上述流挂现象，直到油漆完全干燥后查看，车身的漆膜面饱满、细腻、光滑。修复后如图 17 所示。

后 记

“劳动创造幸福，奋斗铸就伟大。”作为新时代的劳动模范，站好每一班岗，做好每一件事，无论是做什么工作，只要做到对祖国赤诚、对事业追求、对工作挚爱，勤勤恳恳地在自己的岗位上耕耘，就一定能释放光与热，一定能在自己的岗位上奏响创造美好生活的劳动者之歌。

“业务精益求精，服务尽善尽美。”作为新时代的劳动模范，爱岗敬业、争创一流是不变的奋斗底色。艰苦奋斗、勇于创新是不变的奋斗情怀。意志坚定、甘于奉献是不变的奋斗品格。劳动模范要时时处处体现新时代劳动者主人翁的事业心和责任感，团结一切力量坚定不移听党话、矢志不渝跟党走，自觉把人生理想、家庭幸福融入国家富强、民族复兴的伟业之中，做新时代的追梦人。

劳动是一切幸福的源泉。多年来，我以劳模工作室为平台，积极推行“24小时服务承诺”以及“来有迎声、去有送声、有问必答、有求必应”的“四有服务”。带领班组成员刻苦钻研维修技术，练就一身真本领，在劳动中体现价值、展现风采、感受快乐。

本书向各位朋友介绍的是我在实践工作中的点滴创新体会和工作心得，还有很多不足之处需要进一步完善，诚恳地希望各界精英、专家多提出宝贵意见。

2023年7月

图书在版编目（CIP）数据
陈竹祥工作法：汽车漆膜修补 / 陈竹祥著. 一北京：中国工人出版社，2024.6
ISBN 978-7-5008-8281-7
Ⅰ. ①陈…　Ⅱ. ①陈…　Ⅲ. ①汽车漆－车辆保养　Ⅳ. ①U472.44
中国国家版本馆CIP数据核字（2023）第183015号

陈竹祥工作法：汽车漆膜修补

出 版 人　董　宽
责任编辑　李卫民
责任校对　张　彦
责任印制　栾征宇
出版发行　中国工人出版社
地　　址　北京市东城区鼓楼外大街45号　邮编：100120
网　　址　http://www.wp-china.com
电　　话　（010）62005043（总编室）
　　　　　（010）62005039（印制管理中心）
　　　　　（010）62379038（职工教育编辑室）
发行热线　（010）82029051　62383056
经　　销　各地书店
印　　刷　北京市密东印刷有限公司
开　　本　787毫米×1092毫米　1/32
印　　张　2.5
字　　数　35千字
版　　次　2024年7月第1版　2024年7月第1次印刷
定　　价　28.00元

优秀技术工人百工百法丛书

第一辑　机械冶金建材卷

优秀技术工人百工百法丛书

第二辑　海员建设卷